100 %
Chocolate

mr ediciones martínez roca

Índice

CHOCOLATE CRUJIENTE

Brazo de gitano de chocolate con coco

PARA 6 PERSONAS

PREPARACIÓN: 1 H • COCCIÓN: 10 MIN • REPOSO: 30 MIN • REFRIGERACIÓN: 1 H

Para la crema de coco: 1 taza de leche • 1 cucharada sopera de harina • 4 cucharadas soperas de azúcar • 125 g de mantequilla ablandada • 5 cucharadas soperas de coco rallado
Para la pasta de galleta: 450 g de galletas secas • 3 cucharadas soperas de cacao en polvo de muy buena calidad • 4 o 5 cucharadas soperas de mermelada de albaricoque • 2 o 3 cucharadas soperas de ron (opcional)

1. Preparar la crema de coco. En una cacerola, llevar a ebullición la leche, la harina y el azúcar. Espesar la mezcla y, después, dejar enfriar.

2. Preparar la pasta de galleta: triturar las galletas con un robot de cocina hasta convertirlas en polvo. Añadir a ese polvo el cacao, la mermelada de albaricoque y el ron. Remover todo muy bien hasta que la mezcla adquiera la consistencia de una masa. Dejar reposar 30 minutos.

3. Concluir la elaboración de la crema de coco añadiéndole la mantequilla ablandada y el coco rallado.

4. Extender la pasta de galleta con un rodillo formando una masa de unos 5 mm de grosor. Recortar los bordes hasta darle forma rectangular. Extender la crema de coco sobre la masa y, a continuación, enrollar el conjunto sobre sí mismo. Dejar reposar en el frigorífico durante 1 hora antes de consumirlo.

Soufflé de chocolate con pistacho

PARA 6 PERSONAS

PREPARACIÓN: 25 MIN • COCCIÓN: 10 MIN • CONGELACIÓN: 12 H

150 g de chocolate negro • 45 g de mantequilla semisalada + 1 nuez de mantequilla para los moldes • 35 g de azúcar • 2 huevos • 30 g de harina • 20 g de pistachos triturados
Para el corazón de chocolate blanco y pistachos: 50 g de chocolate blanco • 1 cucharada sopera de masa de pistacho • 1 cucharadita de café de pistachos triturados

1. Preparar el corazón de chocolate blanco y pistachos el día anterior. Fundir el chocolate blanco despacio, al baño maría. Cuando esté bien fundido, añadir la masa de pistacho y mezclar bien. Agregar después los pistachos triturados y remover de nuevo. Rellenar con el preparado de pistacho pequeños moldes de silicona (o, en su defecto, una cubitera) y dejarlo toda la noche en el congelador.

2. Al día siguiente, precalentar el horno a 240 °C y untar con mantequilla pequeños moldes para horno. Fundir el chocolate al baño maría. Cuando esté completamente líquido, añadir la mantequilla en trozos y mezclar bien con la ayuda de una espátula. En una ensaladera, batir los huevos y el azúcar, añadir la harina, la mezcla de chocolate y los pistachos triturados.

3. Rellenar los moldes con este preparado hasta un tercio de su capacidad. Colocar en cada uno de ellos una bola de chocolate blanco con pistacho congelada. Cubrir con el resto del preparado y hornear 10 minutos.

Aquí tenemos el programa para un despertar muy dulce: tortitas de chocolate y chantillí, para compartir sin moderación con toda la familia.

Tortitas de chocolate

PARA 18 O 20 TORTITAS

PREPARACIÓN: 40 MIN • COCCIÓN: 30 A 40 MIN • REPOSO: 15 MIN

240 g de harina • 30 g de cacao amargo en polvo • 3 cucharaditas de café de levadura • 110 g de azúcar • 2 huevos • 30 cl de leche • 15 cl de leche agria (o mitad leche y mitad yogur) • 90 g de mantequilla + otro poco para la sartén • Azúcar glas • Crema de chocolate o chantillí, listos para su uso

1. En una ensaladera, tamizar la harina, el cacao, la levadura y añadir el azúcar. En otro recipiente, mezclar los huevos, la leche, la leche agria y la mantequilla fundida. Formar un volcán con la harina y añadir poco a poco los ingredientes líquidos. Mezclar muy bien. Dejar reposar la masa en un sitio fresco cubriéndola con *film* transparente durante 15 minutos.

2. En una sartén pequeña, fundir un poco de mantequilla y verter unas cuantas cucharadas de masa. Cuando las tortitas empiecen a formar burbujas, darles la vuelta con la ayuda de una espátula para que se hagan por el otro lado. Proseguir hasta que se agote la masa. Guardar las tortitas en un horno templado. Servirlas con azúcar glas espolvoreado por encima y acompañadas de crema de chocolate o de chantillí.

Servir una parte de este bollo con su generosa dosis de chocolate acompañado de una bola de helado de vainilla o una macedonia de fruta. ¡El placer está asegurado!

Bizcocho de chocolate

PARA 6 U 8 PERSONAS

PREPARACIÓN: 15 MIN • COCCIÓN: 45 MIN

80 g de cacao en polvo • 20 cl de leche • 10 cl de nata líquida • 3 huevos • 350 g de azúcar • 200 g de harina • 1/2 sobrecito de levadura química • 10 cl de aceite • 1 nuez de mantequilla para el molde

1. Precalentar el horno a 180 °C. En un cuenco, mezclar el cacao con la leche y la nata. En otro recipiente, batir los huevos con el azúcar. Añadir la harina y la levadura y, a continuación, el aceite y la mezcla de leche, nata y cacao.

2. Verter la preparación en un molde de tarta untado con mantequilla. Hornear el bizcocho durante 45 minutos. Sacarlo del horno y dejar enfriar antes de desmoldarlo.

Estas magdalenas son esponjosas y aromáticas. Una vez frías, también se pueden recubrir con chocolate negro fundido.

Magdalenas de chocolate

PARA 30 MAGDALENAS, APROXIMADAMENTE

PREPARACIÓN: 20 MIN • COCCIÓN: 8 A 10 MIN • REPOSO: 12 H

125 g de harina • 125 g de fécula de patata • 1 sobrecito de levadura • 20 g de cacao en polvo • 250 g de azúcar • 4 huevos • 250 g de mantequilla semisalada + 1 nuez para los moldes

1. En una ensaladera, verter la harina, la fécula de patata, la levadura, el cacao y el azúcar. Añadir los huevos y mezclar todo bien. Fundir la mantequilla poco a poco. Incorporarla y volver a remover todo bien con la ayuda de una espátula. Dejar reposar la masa 12 horas en un sitio fresco.

2. Precalentar el horno a 200 °C. Untar con mantequilla unos moldes de magdalenas y rellenar cada una de las celdillas hasta dos tercios de su capacidad. Hornear de 8 a 10 minutos.

3. Dejar enfriar las magdalenas antes de desmoldarlas.

El fondant del chocolate y el crujiente del praliné al mismo tiempo... ¡Una delicia!

Brownie de chocolate y praliné

PARA 4 O 6 PERSONAS

PREPARACIÓN: 15 MIN • COCCIÓN: 20 MIN

180 g de chocolate negro • 150 g de mantequilla • 3 huevos • 110 g de azúcar • 125 g de harina • 100 g de nueces de pacana • 100 g de praliné en polvo

1. Precalentar el horno a 180 °C. Fundir el chocolate y la mantequilla al baño maría. En una ensaladera, batir los huevos con el azúcar y la harina. Mezclar con el chocolate y añadir las nueces de pacana troceadas de forma irregular y 70 gramos de praliné en polvo.

2. Verter la preparación en un molde rectangular de unos 20 x 15 cm. Espolvorear la superficie con el resto del praliné. Hornear el brownie durante 20 minutos. Sacarlo del horno y dejarlo enfriar antes de cortarlo en cuadrados.

Adornar estos adorables cupcakes con fideos o virutas de chocolate, o incluso con ralladura de nueces de coco.

Cupcakes de chocolate

PARA 12 CUPCAKES, APROXIMADAMENTE

PREPARACIÓN: 25 MIN • COCCIÓN: 20 MIN

Para la masa: 120 g de mantequilla ablandada • 200 g de azúcar • 2 huevos • 175 g de harina • 1 cucharada sopera de cacao en polvo • 1/2 sobrecito de levadura química • 25 cl de leche • 50 g de chocolate negro
Para el glaseado de chocolate: 90 g de mantequilla ablandada • 5 cucharadas soperas de azúcar glas • 1 cucharada sopera de cacao en polvo

1. Precalentar el horno a 180 °C. Preparar la masa mezclando en una ensaladera la mantequilla ablandada con el azúcar. Añadir los huevos, la harina, el cacao, la levadura, la leche y, después, el chocolate rallado muy fino. Verter la preparación en moldes de bizcocho o de magdalenas, rellenándolos hasta tres cuartas partes de su capacidad. Hornear durante 20 minutos.

2. Sacar los cupcakes del horno y dejar que se enfríen. Mientras, preparar el glaseado: mezclar en un cuenco la mantequilla ablandada con el azúcar glas y el cacao.

3. Extender el glaseado por encima de cada pastelillo con la ayuda de una espátula o de una manga pastelera provista de una boquilla acanalada; a continuación, decorarlas al gusto.

Soufflé de chocolate

PARA 6 PERSONAS

PREPARACIÓN: 20 MIN • COCCIÓN: 30 MIN

150 g de chocolate negro con un 70 % de cacao • 6 huevos • 40 g de fécula de maíz • 50 g de azúcar • 10 g de mantequilla para el molde • 1 pizca de sal • 1 cucharada sopera de cacao en polvo

1. Cascar los huevos de forma que queden separadas las yemas de las claras. Fundir al baño maría poco a poco el chocolate troceado previamente, removiéndolo de vez en cuando.

2. Retirar del fuego el chocolate fundido e incorporar las yemas de los huevos mezclando todo. Añadir la fécula y el azúcar en la superficie y remover con rapidez.

3. Precalentar el horno a 200 °C. Untar con mantequilla un molde de soufflé.

4. Batir muy bien las claras de huevo a punto de nieve con la pizca de sal. Extraer 2 cucharadas soperas y mezclarlas con energía con la crema de chocolate para aligerarla. Incorporar enseguida el resto y mezclar bien toda la preparación de abajo arriba.

5. Verter la preparación en el molde del soufflé y hornear durante 25 minutos. Comprobar el grado de cocción clavando la punta de un cuchillo en el soufflé: para asegurarnos de que queda adecuadamente cremoso en el interior, debemos extraerlo un poco húmedo.

6. Espolvorear el cacao sobre la superficie y servir.

Esta tarta de queso sin masa es todo lo esponjosa y suave que pide el paladar. Para este tipo de pudin se pueden encontrar en el mercado polvos aromáticos con diferentes aromas; así pues, ¡varíe de placer y aporte un leve toque de originalidad a su tarta!

Tarta de queso con chocolate

PARA 6 PERSONAS

PREPARACIÓN: 15 MIN • COCCIÓN: 1 H

3 huevos • 900 g de queso fresco • 150 g de azúcar • 2 sobrecitos de levadura para pudin • 25 cl de nata líquida • 30 g de cacao en polvo • 1 nuez de mantequilla para el molde

1. Precalentar el horno a 175 °C. En una ensaladera, batir los huevos y el queso fresco. Añadir el azúcar, los sobrecitos de levadura para pudin, la nata líquida y el cacao y mezclarlo todo muy bien.

2. Untar con mantequilla un molde de tarta y verter en él la preparación. Hornear durante 1 hora. Dejar enfriar la tarta antes de desmoldarla. Servirla muy fría.

A veces, buscamos desesperadamente un postre de moda u original para deslumbrar a nuestros comensales... ¡Pero este grandioso clásico nunca pasa de moda!

Coulants de chocolate

PARA 6 PERSONAS

PREPARACIÓN: 10 MIN • COCCIÓN: 8 A 10 MIN

200 g de chocolate • 70 g de mantequilla semisalada + 1 nuez para los moldes • 4 huevos • 70 g de azúcar • 50 g de harina + 10 g para los moldes

1. Precalentar el horno a 220 °C. Fundir el chocolate al baño maría y añadir la mantequilla cortada en trozos pequeños. En una ensaladera, batir los huevos con el azúcar. Incorporar esa mezcla al chocolate y, a continuación, añadir la harina.

2. Distribuir la preparación en los moldes previamente untados de mantequilla y enharinados e introducir de 8 a 10 minutos en el horno ya precalentado. Vigilar atentamente la cocción para que el corazón no se endurezca y quede cremoso.

Vasitos de chocolate y Carambar®

PARA 6 PERSONAS

PREPARACIÓN: 20 MIN • COCCIÓN: 10 MIN • REFRIGERACIÓN: 3 H

Para la crema de chocolate: 200 g de chocolate negro • 70 g de azúcar moreno • 1 cucharada sopera de miel • 25 cl de nata líquida • 1 cucharada sopera de fécula de maíz
Para la mousse de Carambar®: 16 caramelos Carambar® con sabor a caramelo • 15 cl de leche • 20 cl de nata líquida • 200 g de queso mascarpone

1. Preparar primero la crema de chocolate. Fundir el chocolate al baño maría. Añadir el azúcar moreno, la miel y la mitad de la nata. Mezclar muy bien. En un cuenco, batir con energía el resto de la nata líquida y la fécula de maíz y, a continuación, agregarlos al resto de la preparación. Volver a calentar el conjunto al baño maría removiendo de 4 a 5 minutos, hasta que la mezcla se espese. Rellenar seis vasitos de cristal hasta dos tercios de su capacidad y dejarlos 2 horas en un sitio fresco.

2. Preparar la mousse de Carambar®. Fundir los Carambar® a fuego lento en la leche. Dejar enfriar. Con una batidora, montar la nata fría hasta obtener un chantillí. Batir el mascarpone con un tenedor y añadir los Carambar® fundidos y enfriados. Mezclar todo bien y añadirlo con cuidado al chantillí. Verter la preparación en una manga pastelera con la boca acanalada. Depositar un rosetón de crema sobre cada vasito y reservar 1 hora en el frigorífico. Se puede espolvorear la superficie con cacao.

Crema quemada de chocolate negro

PARA 8 PERSONAS

PREPARACIÓN: 15 MIN (DE UN TOTAL DE 2 DÍAS) • COCCIÓN: 45 MIN, APROXIMADAMENTE • REFRIGERACIÓN: 12 H

Para la crema quemada: 200 g de chocolate negro con un 70 % de cacao • 8 yemas de huevo • 180 g de azúcar • 50 cl de leche entera • 50 cl de nata líquida
Para el acabado: azúcar moreno

1. Preparar la crema quemada el día anterior. Trocear el chocolate. Mezclar las yemas de los huevos y el azúcar. Llevar a ebullición la leche y la nata líquida. Añadirle el chocolate troceado. Para que la preparación quede homogénea, verterla sobre la mezcla de yemas de huevo y azúcar y remover muy bien.

2. Precalentar el horno a 100 °C. Distribuir la crema de chocolate en ocho ramequines. Meter en el horno y cocer 45 minutos. Dejar enfriar y, a continuación, guardarlos en el frigorífico hasta el día siguiente.

3. Al día siguiente, sacar los ramequines del frigorífico. Encender el *grill* del horno. Adornar la superficie de los postres de crema con azúcar moreno. Caramelizarlos en el horno con el *grill* 1 o 2 minutos. Servir de inmediato.

Chocolate de Lieja

PARA 6 PERSONAS

PREPARACIÓN: 15 MIN • COCCIÓN: 5 MIN, APROXIMADAMENTE

1/2 litro de agua • 100 g de azúcar • 250 g de chocolate con un 67 % de cacao • 50 g de cacao en polvo • 20 cl de nata líquida • 75 cl de helado de chocolate • Virutas de chocolate negro

1. Preparar la bebida de chocolate. Llevar el agua a ebullición con el azúcar. Trocear el chocolate y añadirlo junto con el cacao al agua en ebullición. Remover enérgicamente con un batidor de mano. Llevar a ebullición de nuevo y, a continuación, retirarlo del fuego.

2. Remover la mezcla durante 3 minutos y verterla en una ensaladera grande. Dejar enfriar la bebida de chocolate antes de guardarla en el frigorífico.

3. Meter la ensaladera en el congelador durante 15 minutos. Montar la nata líquida hasta que adquiera una consistencia firme. Ponerla en una manga pastelera con una boca acanalada.

4. En el momento de servir, moldear 2 bolas de helado de chocolate por persona. Introducirlas en una vaso alto, verter encima la bebida de chocolate fría y rematarlo con un rosetón de nata montada. Espolvorear virutas de chocolate por encima. Servir enseguida con una pajita y una cucharilla de postre.

Profiteroles

PARA 30 PROFITEROLES

PREPARACIÓN: 40 MIN • COCCIÓN: 15 MIN

Para la masa de los buñuelos: 6 cl de agua • 7 cl de leche fresca • 1 cucharadita de café de sal fina • 1 cucharadita de café de azúcar • 50 g de mantequilla • 70 g de harina • 2 huevos + 1 huevo para dorar
Para la salsa de chocolate: 200 g de chocolate • 10 cl de nata fresca
Para la guarnición: helado de vainilla

1. Preparar la masa de los buñuelos: llevar a ebullición el agua, la leche, la sal, el azúcar y la mantequilla, sin dejar de remover. Añadir toda la harina y remover enérgicamente hasta que la masa no tenga grumos y sea homogénea.

2. Cuando se haya despegado de las paredes y del fondo de la cacerola, continuar removiendo 2 o 3 minutos hasta espesar. Colocarla en una ensaladera; añadir los 2 huevos. Seguir trabajando la masa. Estará lista cuando al dejarla caer poco a poco sobre el conjunto forme un cordón unos instantes.

3. Precalentar el horno a 200 °C. Rellenar de masa una manga pastelera y preparar con ella treinta bolas del tamaño de una nuez sobre una bandeja para el horno cubierta de papel vegetal. Pintarlas con un pincel con el último huevo batido. Hornear durante 15 minutos entreabriendo la puerta del horno después de 5 minutos.

4. Hervir la nata fresca. Verterla sobre el chocolate, troceado previamente en pedazos pequeños, y mezclar. Rellenar los buñuelos con helado de vainilla. Cubrirlos de salsa de chocolate tibia y servir.

Para conseguir un leve efecto crujiente, añadir el polvo de spéculos* directamente a la mousse antes de dejarla en un sitio fresco.

Mousse helada con galletas spéculos

PARA 4 PERSONAS

PREPARACIÓN: 10 MIN • CONGELACIÓN: 6 H

30 cl de leche condensada no azucarada • 20 g de azúcar glas • 30 g de cacao en polvo • 12 galletas spéculos, aproximadamente

1. Guardar la leche condensada en el congelador durante 15 minutos. Con la ayuda de una batidora, batirla hasta que duplique su volumen y se espume. Añadir el azúcar glas y el cacao y volver a remover.

2. Verter la preparación en vasos y meterlos en el congelador durante, al menos, 6 horas. En el momento de servir, espolvorear las galletas spéculos sobre los vasitos de la mousse.

* El spéculos es una variedad de galleta típica de Francia y Bélgica. *(N. del E.)*

partes
xtracto de

arta de 22 cm de diá-
is de chocolate. Guardar el
urante 30 minutos, aproximada-
ue la crema cuaje. Verter después la
vainilla. Dejar cuajar de nuevo en un sitio
te 4 o 5 horas. Para desmoldar, mojar el molde
antes en agua caliente.

Merengues rellenos de chocolate

PARA UNOS 15 PASTELES, APROXIMADAMENTE

PREPARACIÓN: 25 MIN • COCCIÓN: 1 H • REFRIGERACIÓN: 1 H

Para la ganache: 175 g de chocolate • 30 cl de nata líquida
Para el merengue: 140 g de azúcar glas • 20 g de cacao en polvo • 4 claras de huevo • 65 g de azúcar

1. Preparar la ganache de chocolate. Trocear el chocolate, fundirlo al baño maría y añadirle la nata líquida. Remover durante la preparación con la ayuda de una espátula. Verter la ganache en un cuenco y reservarla durante 1 hora en un sitio fresco.

2. Precalentar el horno a 120 °C. Preparar el merengue. En un cuenco, mezclar el azúcar glas y el cacao. En una ensaladera, batir las claras de huevo a punto de nieve. Cuando empiecen a adquirir una consistencia firme, incorporar el azúcar y seguir batiendo. Añadir finalmente la mezcla de azúcar y cacao y batir de nuevo hasta que la preparación sea homogénea y adquiera un color brillante. Rellenar una manga pastelera y distribuir el merengue en forma de espirales de 4 cm de diámetro sobre una bandeja de repostería cubierta de papel vegetal. Hornear durante 1 hora. Luego, dejar enfriar.

3. Cuando los merengues estén bien fríos, cubrir la mitad de ellos con la ganache de chocolate con la ayuda de una espátula. Recubrirlos con la otra mitad de los merengues para formar pequeños sándwiches.

Bavarois de chocolate y vainilla

PARA 4 O 6 PERSONAS

PREPARACIÓN: 1 H • COCCIÓN: 10 A 15 MIN • REFRIGERACIÓN: 6 H

35 cl de crema inglesa • 3 hojas de gelatina • 30 cl de nata líquida fría • 7 cl de leche fresca fría • 70 g de chocolate con un 55 % de cacao, como mínimo • 2 cucharaditas de café de extracto de vainilla líquido • Aceite para el molde

1. Calentar la crema inglesa y verterla en un cuenco. Reblandecer la gelatina en agua fría y, a continuación, escurrirla. Añadir la gelatina a la crema inglesa todavía caliente y remover para que se deshaga. Sumergir el cuenco en un recipiente con cubitos de hielo y mezclar bien hasta que empiece a espesarse. Batir la nata y la leche hasta que la mezcla adquiera una consistencia firme. Incorporar la nata batida a la crema inglesa. Dividir en dos partes la bavarois así obtenida.

2. Fundir el chocolate. Mezclarlo con una de las
de la bavarois y mezclar la otra parte con el
vainilla.

3. Untar con aceite un molde de
metro. Verter en él la bavar
molde en el frigorífico
mente, para dejar q
bavarois con la
fresco duran
unos inst

Corolas de chocolate con mousse de chocolate blanco

PARA UNAS 15 O 20 COROLAS

PREPARACIÓN: 30 MIN • COCCIÓN: 4 MIN

Para la masa de las corolas: 1 clara de huevo • 60 g de azúcar glas • 60 g de mantequilla • 50 g de harina • 10 g de cacao amargo en polvo

Para la mousse: 15 cl de leche entera • 40 g de chocolate blanco • 25 cl de nata líquida • 1 cucharada sopera de azúcar glas

1. Preparar la masa. Batir la clara de huevo y el azúcar glas. Añadir la mantequilla fundida y, cuando la masa esté fría, la harina y el cacao, y mezclar. Dejar reposar la masa tapada en el frigorífico.

2. Preparar la mousse de chocolate blanco. Calentar la leche en una cacerola, añadir el chocolate blanco y mezclar bien. Dejar enfriar. Montar la nata líquida muy fría en chantillí con el azúcar glas y, después, incorporarla al chocolate.

3. Recubrir una bandeja de horno con papel vegetal. Con una cucharilla de postre, colocar pequeños montones de masa muy espaciados, extendiéndolos ligeramente. Hornear 4 minutos a 200 °C. Al sacarlos del horno, moldear los discos para darles la forma de la corola de una flor.

4. Cuando se hayan enfriado, rellenarlas de mousse con la ayuda de una manga pastelera y decorarlas con fideos de golosina.

Macarons de chocolate

PARA 20 MACARONS, APROXIMADAMENTE

PREPARACIÓN: 25 MIN • COCCIÓN: 20 A 25 MIN • REFRIGERACIÓN: 1 NOCHE

4 claras de huevo • 220 g de azúcar glas • 120 g de almendra molida • 50 g de azúcar • 30 g de cacao en polvo
Para la ganache: 175 g de chocolate negro • 30 cl de nata líquida

1. El día anterior, dejar las claras de huevo en un sitio fresco.

2. Preparar la ganache. Fundir el chocolate al baño maría, añadir la nata y mezclar con una espátula. Reservar.

3. Preparar los macarons. Precalentar el horno a 160 °C. Mezclar el azúcar glas y las almendras y extender la mezcla sobre una bandeja de horno. Hornear de 5 a 10 minutos. Batir en una ensaladera las claras de huevo a punto de nieve hasta que adquieran una consistencia muy firme y añadir poco a poco el azúcar. Incorporar el cacao a la mezcla de azúcar y almendras. Mezclar todo con cuidado con las claras a punto de nieve. Con una manga pastelera, formar círculos sobre una bandeja de horno recubierta de papel vegetal. Reservar durante 20 minutos y, a continuación, hornear de 12 a 15 minutos.

4. Esperar un poco antes de despegar los macarons: dejar pasar una fina película de agua entre el papel y la bandeja, el vapor que desprenda facilitará mucho la operación. Trabajar la ganache con la espátula: cubrir la mitad de los macarons con la pasta y pegar la otra mitad encima formando bocadillos. Conservar los macarons en un sitio fresco.

Deliciosas tartaletas para comer sin demora nada más salir del horno y degustar al máximo su sabor.

Tartaletas de chocolate y café

PARA 4 O 6 PERSONAS

PREPARACIÓN: 25 MIN • COCCIÓN: 30 MIN

1 masa de pasta brisa precocinada • 1 nuez de mantequilla para los moldes • 20 cl de nata líquida • 80 g de chocolate negro • 5 cl de café cargado • 1/2 cucharadita de café de extracto de café • 1 huevo

1. Precalentar el horno a 190 °C. Untar con mantequilla unos moldes de tartaletas y extender sobre ellas la masa brisa. Hornear las tartaletas sin nada más de 5 a 7 minutos. Sacarlas del horno.

2. Hervir la nata en una cacerola. Una vez apartada del fuego, añadir el chocolate troceado y batir hasta obtener una mezcla muy fina.

3. Batir a mano el café, el extracto de café y el huevo en una ensaladera. Añadir la mezcla de nata y chocolate, remover y, a continuación, verterlo todo en la base de las tartaletas. Hornear. Apagar el horno y dejar las tartaletas en el interior unos 20 minutos, hasta que la preparación de chocolate se haya solidificado. Sacar las tartaletas, dejarlas enfriar y degustarlas sin demora.

Para que resulte más crujiente se pueden añadir al chocolate avellanas trituradas.

Minibizcochos helados al caramelo

PARA 4 PERSONAS

PREPARACIÓN: 20 MIN • CONGELACIÓN: 6 H

10 galletas *digestive*, aproximadamente • Dulce de leche • 350 g de chocolate negro • 120 g de mantequilla semisalada • 120 g de azúcar glas

1. Forrar cuatro moldes de bizcocho pequeños con *film* de cocina transparente. Desmenuzar las galletas y reservar. Calentar a fuego lento el dulce de leche hasta que quede líquido.

2. Fundir el chocolate al baño maría. Cuando esté completamente fundido, añadir la mantequilla y el azúcar glas y mezclarlo todo con la ayuda de una espátula.

3. Rellenar los moldes hasta un tercio de su capacidad con la preparación de chocolate, espolvorear sobre ellos un poco de galleta en polvo y, a continuación, verter el dulce de leche. Disponer otra capa de galleta en polvo y concluir con otra capa más de chocolate.

4. Meter los minibizcochos en el congelador durante, al menos, 6 horas. Sacar del congelador 15 minutos antes de consumirlos.

Galletas con hojas de rosa

PARA UNAS 45 O 50 GALLETAS

PREPARACIÓN: 40 MIN • COCCIÓN: 8 A 10 MIN • REFRIGERACIÓN: 30 MIN

225 g de harina • 10 g de cacao amargo en polvo • 1 cucharadita de café de levadura química • 1 pizca de sal • 150 g de azúcar • 125 g de mantequilla • 1 huevo • 150 g de chocolate negro • 45 o 50 hojas de rosa no tratadas con ningún producto

1. Recubrir de papel vegetal dos bandejas de horno. En una ensaladera, tamizar la harina, el cacao, la levadura y la pizca de sal. Blanquear el azúcar con la mantequilla y añadir el huevo. Mezclar las dos preparaciones y trabajarlas hasta que adopten la consistencia de una masa ligeramente firme. Dividir la masa en dos y enrollarlas para formar dos rodillos de 4 cm de diámetro. Envolverlas con *film* de cocina transparente y dejar reposar en el frigorífico durante 30 minutos.

2. Precalentar el horno a 200 °C. Cortar los rodillos de masa en rodajas de 5 mm de grosor. Hornear de 8 a 10 minutos y dejar enfriar.

3. Fundir el chocolate despacio, al baño maría. Con la ayuda de un pincel, untar las hojas de rosa con chocolate fundido. Cuando se haya endurecido por completo, despegarlo de las hojas con mucho cuidado. Con el chocolate restante, pegar una hoja sobre cada galleta.

Carlotitas

PARA 4 PERSONAS

PREPARACIÓN: 25 MIN • REFRIGERACIÓN: 3 H

30 cl de agua • 20 g de azúcar • 1 cucharada sopera de ron • 20 bizcochos de soletilla
Para la masa de chocolate negro: 150 g de chocolate negro de cobertura • 1 cucharada sopera de agua • 75 g de mantequilla • 2 huevos • 1 pizca de sal • 40 g de azúcar
Para la masa de chocolate blanco: 2 hojas de gelatina • 100 g de chocolate blanco • 10 cl de leche • 2 huevos • 20 g de azúcar • 10 cl de nata líquida

1. Calentar el agua, el azúcar y el ron para preparar un sirope. Verterlo en un cuenco y remojar los bizcochos partidos por la mitad. Disponerlos a lo largo de las paredes de cuatro ramequines y reservarlos en un sitio fresco.

2. Preparar la masa de chocolate negro. Fundir el chocolate negro con el agua al baño maría. Añadir la mantequilla en trozos y las yemas de los huevos y mezclarlo todo con una espátula. Montar las claras a punto de nieve con la sal y el azúcar e incorporarlas con cuidado a la preparación. Llenar los ramequines hasta la mitad de su capacidad con esa masa y dejarlos en un sitio fresco.

3. Preparar la masa de chocolate blanco. Sumergir la gelatina en agua fría. Trocear el chocolate. Templar la leche, añadir los huevos, el azúcar y batir. Dejar 5 minutos a fuego lento y verter sobre el chocolate blanco. Añadir la gelatina escurrida y mezclar. Montar la nata en chantillí y agregarla con cuidado. Completar la capacidad de los ramequines y dejar reposar 3 horas en un sitio fresco.

Trufas de chocolate negro

PARA 20 TRUFAS, APROXIMADAMENTE

PREPARACIÓN: 30 MIN • REFRIGERACIÓN: 2 H • COCCIÓN: 3 MIN, APROXIMADAMENTE

300 g de chocolate negro • 1 cucharada sopera de leche • 100 g de mantequilla • 2 yemas de huevo • 5 cl de nata fresca • 125 g de azúcar glas • 1 cucharada sopera de licor (opcional) • 250 g de cacao en polvo amargo

1. Colocar una cacerola pequeña al baño maría y trocear en ella el chocolate. Verter la leche y mezclar hasta que el chocolate esté fundido y homogéneo.

2. Incorporar poco a poco la mantequilla en pequeños trozos. Añadir las yemas de los huevos, la nata fresca y el azúcar glas. Se puede añadir ron, brandy o algún otro licor. Batir la masa durante 5 minutos.

3. Extender la masa sobre una bandeja recubierta de papel vegetal formando una capa de unos 2 cm. Guardar la bandeja en el frigorífico durante 2 horas.

4. Extender el cacao en un plato llano. Cortar la masa en cuadrados pequeños. Introducirlos en el cacao en polvo, cogerlos de uno en uno y hacerlos rodar para formar una bola. Dejar reposar en el cacao. Proceder con rapidez para que las trufas no se ablanden.

5. Cuando todas las trufas estén moldeadas, retirarlas del cacao. Conservarlas en un sitio fresco (no en el frigorífico) hasta el momento de consumirlas.

Un chocolate caliente, sí, pero con el dulzor a gusto de cada cual. Para saborearlo solo o acompañado de galletitas secas, a la hora que apetezca.

Chocolate caliente a la antigua

PARA 4 PERSONAS

PREPARACIÓN: 10 MIN • COCCIÓN: 4 A 6 MIN

125 g de chocolate negro con un 67 % de cacao • 50 cl de agua mineral • 50 g de azúcar • 25 g de cacao en polvo

1. Cortar el chocolate y ponerlo en una ensaladera.

2. En una cacerola, llevar el agua a ebullición con el azúcar. Añadir el cacao y batir enérgicamente. Llevar de nuevo a ebullición y, luego, retirar del fuego.

3. Verter la mezcla en tres veces sobre el chocolate troceado. Mezclar poco a poco con la ayuda de una cuchara de madera trazando desde el centro círculos concéntricos cada vez más grandes.

4. Mezclar con el brazo de la batidora durante 5 minutos. Verter el chocolate caliente en cuatro tazas y servir de inmediato.

25 cl	1 taza	75 cl	3 tazas
50 cl	2 tazas	1 l	4 tazas

Para facilitar las medidas de capacidad, una taza equivale a 25 cl.

Págs. 5, 11, 29, 45, 53: Massimo Pessina
© col. Larousse (diseño: Rosalba de Magistris);
págs. 7, 9, 15, 23, 31, 33, 35, 37, 39, 41, 43, 47, 51, 55, 57, 59: Olivier Ploton
© col. Larousse (diseño: Bérangère Abraham); págs. 21, 25, 27, 61, 63: Olivier Ploton © col. Larousse (diseño: Noëmie André);
págs. 3, 13, 17, 19, 49: Pierre-Louis Viel © col. Larousse
(diseño: Valéry Drouet).

Título original: *100 % Chocolat*

Ediciones Martínez Roca es un sello editorial de Ediciones Planeta Madrid, S. A.
Paseo de Recoletos, 4, 28001 Madrid
Primera edición: noviembre de 2013
www.mrediciones.com
www.planetadelibros.com
ISBN: 978-84-270-3995-7
Preimpresión: Víctor Igual, S. L.
Impreso en China - Printed in China